ANALISI DEL LIBRO

AF137407

Niente di nuovo sul fronte occidentale

· · · · · · · · · · · · · ·

ERICH MARIA REMARQUE

ANALISI DEL LIBRO

Scritto da Delphine Le Bras
Tradotto da Sara Rossi

Niente di nuovo sul fronte occidentale

ERICH MARIA REMARQUE

ERICH MARIA REMARQUE

ROMANZIERE TEDESCO

- **Nato a Osnabrück nel 1898**
- **Morto a Locarno (Svizzera) nel 1970**
- **Opere degne di nota:**
  - *Niente di nuovo sul fronte occidentale* (1929), romanzo
  - *Tre compagni* (1937), romanzo
  - *Un tempo per amare e un tempo per morire* (1954), romanzo

Erich Maria Remarque (pseudonimo di Erich Paul Remark), nato nel 1898 in Germania e morto nel 1970 in Svizzera, è stato uno dei grandi autori interessati ai valori umani, come l'amicizia, la solidarietà e il pacifismo (*Tre compagni,* 1937). Era anche un uomo segnato dal tempo in cui viveva e preoccupato dalla depressione economica (*L'obelisco nero*, 1956), dalla dittatura e dall'oppressione (*Un tempo per amare e un tempo per morire*, 1954). I suoi primi romanzi, molto toccanti e interpretati in modo errato ed esagerato all'epoca della loro prima stampa (alcuni ritenevano che l'autore trasmettesse messaggi antinazionalisti nelle sue opere), gli fecero perdere la nazionalità tedesca.

NIENTE DI NUOVO SUL FRONTE OCCIDENTALE

LA GUERRA ATTRAVERSO GLI OCCHI DI UN SOLDATO VOLONTARIO TEDESCO

- **Genere:** romanzo

- **Edizione di riferimento:** Remarque, E. M. (Sconosciuto) *Niente di nuovo sul fronte occidentale.* [Online]. Trans. Wheen Fawcett crest, A.W. [Accesso 23 novembre 2015]. Disponibile da: <http://www.myteacherpages.com/webpages/esimpson/files/AQWF%20-%20full%20text.pdf>

- **1ª edizione:** 1929

- **Temi:** Prima Guerra Mondiale, Germania, morte, orrore

Niente di nuovo sul fornte occidentale (Im Westen nichts neues, 1929) è la storia commovente, ma allo stesso tempo molto concreta e poetica, di un semplice soldato tedesco inviato al fronte durante la Prima Guerra Mondiale, a soli 18 anni. Scrivendo questo documento letterario, Remarque, anch'egli segnato da questo sanguinoso episodio storico, volle riconciliarsi con il mondo e con se stesso. Questo romanzo d'esordio dell'autore, che divenne subito un successo internazionale (fu tradotto in più di 25 lingue), scatenò anche molti dibattiti, in particolare in Germania, Italia e Russia, nel contesto dell'ascesa del fascismo e delle relazioni molto tese tra le varie potenze europee.

SINTESI

PRIMI DUBBI

Giovane soldato tedesco durante la Prima Guerra Mondiale, Paul Bäumer racconta con grande realismo ciò di cui è testimone. Recluta modello all'inizio del conflitto, seguendo le atrocità e gli abusi di potere a cui assiste, si rende presto conto dell'assurdità della lotta.

La sua narrazione si apre sul giorno di riposo di una divisione militare tedesca sul fronte francese: ricevono una doppia razione di cibo (i sopravvissuti hanno ricevuto le razioni dei loro compagni morti), leggono giornali e lettere con calma e ascoltano musica, che migliora il loro benessere.

Bäumer ricorda il momento del suo arruolamento. Lui e i suoi compagni avevano solo 18 anni quando furono inviati al fronte, dopo dieci settimane di addestramento in caserma. Lì, furono profondamente disgustati dall'assurdità dei loro superiori gerarchici. Alla fine dell'addestramento, che doveva "esercitare" questi giovani "alle soglie della vita" (p. 11), erano diventati "duri, sospettosi, spietati, feroci" (p. 13), ma erano pronti per la guerra.

Tuttavia, lentamente, la vita al fronte e soprattutto la vista del loro compagno Kemmerich che, con entrambe le gambe amputate, giace morente in un ospedale militare tra l'indifferenza del personale medico, spingono Bäumer e i suoi amici a iniziare a dubitare del discorso patriottico dei loro genitori e dei loro insegnanti, nonché dell'esito del conflitto.

UNA QUESTIONE DI AUTORITÀ

Bäumer e i suoi amici discutono della guerra, dell'autorità nell'esercito ("quale occupazione c'è in cui ci si può comportare così senza beccarsi un colpo sul naso? Può farlo solo nell'esercito", p. 22) e delle trincee ("l'esercitazione cessa solo in prima linea", p. 22). Quando tornano al campo dopo aver sistemato il filo spinato, si trovano sotto il fuoco dell'artiglieria francese. Sono costretti a nascondersi in un cimitero e a indossare le maschere antigas. Bäumer si protegge con pezzi di bare.

Mentre si lavano, i soldati stanno parlando di cosa faranno quando arriverà la pace, quando arriva il loro superiore, Himmelstoss. Tjaden lo insulta e si guadagna la promessa di comparire davanti al Consiglio di Guerra, per offesa a un ufficiale. Sarà condannato, insieme a Kropp, a qualche giorno di arresto, cioè sarà imprigionato nell'ex pollaio.

OCCASIONE

Mentre gli attacchi inglesi si fanno sempre più violenti, i cannoni tedeschi sono talmente deteriorati da non riuscire a prendere la mira e da uccidere persino i soldati tedeschi. Bäumer si rende conto di essere rimasto vivo solo grazie al caso: "ogni soldato crede nel caso e confida nella fortuna" (p. 49).

Durante un'offensiva tedesca, Bäumer attacca, sentendosi più forte sotto la protezione della potenza di fuoco del suo esercito. Tuttavia, si sente anche meno umano, vedendo i soldati di entrambi gli schieramenti esplodere sotto lo scoppio delle granate o essere uccisi con le pale.

Dopo l'attacco, quando tutto è tranquillo, Bäumer riflette sull'importanza dei ricordi, sulla disperazione con cui gli uomini morenti si aggrappano alla vita e sull'ingenuità delle nuove reclute. Dietro il fronte, Bäumer e i suoi amici possono riposare, mangiare tutto quello che possono ("le due cose di cui un soldato ha bisogno per essere soddisfatto: buon cibo e riposo", p. 65) e passare una notte con le donne. Tuttavia, i ricordi dei compagni perduti rimangono nella loro mente e, per liberarsene, ricorrono all'umorismo.

A Bäumer sono stati concessi diciassette giorni di licenza. Ne approfitta per andare a trovare la madre e la sorella e il loro incontro avviene "ma non arrivano parole" (p. 74). Il giovane soldato è anche disgustato nel vedere che in città tutti fanno domande sul fronte e danno consigli su come deve essere gestita la guerra. Capisce che non riuscirà mai a trovare "il suo posto" (p. 96).

SENSO DI COLPA

Quando Bäumer incontra nuovamente i suoi compagni al fronte, riprende il controllo di sé: "Qui, sono al mio posto" (p. 208). Offertosi volontario per una missione di riconoscimento delle posizioni nemiche, rimane bloccato in una buca, sotto il fuoco di entrambi gli eserciti. Un soldato francese lo vede: è costretto a sventrarlo. Bäumer guarda così spesso le foto e le lettere del soldato francese che prova un enorme senso di colpa. Tuttavia, Katczinsky e Kropp lo rassicurano: ucciderlo era l'unica cosa che poteva fare.

Bäumer e i suoi compagni sono incaricati di sorvegliare un deposito di provviste destinato agli ufficiali. Ne approfittano per mangiare a sazietà, fino al giorno in cui ricevono l'ordine di andare di nuovo al fronte. Durante il tragitto, incrociano i rifugiati francesi disperati e angosciati e sopravvivono a un intenso attacco aereo. Feriti, Bäumer e Kropp vengono inviati in treno in un ospedale cattolico.

UNA GENERAZIONE PERDUTA

Tornato al fronte, Bäumer si accorge ancora una volta che le sparatorie non sono l'unico problema. C'è anche la mancanza di cibo, la mancanza di esperienza delle nuove reclute, le ondate di follia o di disperazione che spingono i soldati a disertare il fronte. La morte di Katczinsky accresce la solitudine del giovane.

Nell'autunno del 1918, Bäumer, dopo aver inalato gas tossici, si trova in un sanatorio e attende, come tutti gli altri soldati feriti, l'armistizio. Considera la sua generazione perduta: nel momento in cui avrebbe dovuto conoscere la vita, ha conosciuto la guerra.

L'epilogo del romanzo ha l'aspetto di una lettera dell'esercito indirizzata alla famiglia di Bäumer: racconta che Paul è stato trovato morto sul fronte nell'ottobre 1918, in un giorno così tranquillo che il comunicato stampa militare recitava "Niente di nuovo sul fronte occidentale" (p. 140).

STUDIO DEL CARATTERE

PAUL BÄUMER

È attraverso gli occhi del giovane Paul Bäumer che il lettore viene trasportato nella terribile atmosfera della Prima Guerra Mondiale. I suoi sentimenti, i suoi discorsi e la sua visione del conflitto non sono quelli di un idealista, ma di un realista. Egli costruisce le sue idee sulla base delle sue esperienze.

Nato da una famiglia modesta, ottimo studente e convinto dai discorsi di chi parlava di guerra senza farla, all'inizio del conflitto è un soldato perfetto. Ma ben presto gli orrori a cui assiste, la morte dei suoi compagni, la demagogia e l'assurdità dei suoi superiori lo convincono dell'inutilità della guerra. Tuttavia, continua a combattere. Inoltre, non riesce a trovare il suo posto lontano dalle trincee. Appartiene alla generazione che è stata plasmata per e dalla guerra e non riesce a immaginarsi in un'altra situazione. Riesce a sopravvivere all'intero conflitto senza subire ferite troppo gravi e muore poco prima dell'armistizio, in un giorno molto tranquillo, per ironia della sorte. Per lui, questo è un modo perfetto di andarsene. Infatti, non sarebbe stato in grado di adattarsi alla società del dopoguerra che gli sarebbe stata completamente estranea: non ha terminato gli studi, non ha un lavoro e sente la famiglia distante. Bäumer rappresenta quindi un'intera generazione.

Il ritratto di Bäumer contiene alcuni elementi autobiografici:

- una delle nonne di Remarque si chiamava Beumer;

- la madre di Remarque morì di cancro nel 1917, così come la madre di Bäumer;

- la descrizione della camera da letto e della città natale di Bäumer corrispondono a quelle dell'autore;

- anche Remarque ha vissuto l'esperienza di essere un soldato. Infatti, l'ombra della guerra continuava a incombere sullo scrittore che, dieci anni dopo, era ancora depresso a causa di essa. Questo potrebbe essere il motivo per cui il suo romanzo presenta alcuni punti di riferimento autobiografici. Trasformando la sua esperienza in un romanzo, pensava di potersi liberare e di aiutare gli altri a fare lo stesso. In un certo senso, Bäumer è Remarque, ma soprattutto è tutti i soldati.

ALBERT KROPP

Albert Kropp è un soldato apprezzato da tutti ed è il pensatore del gruppo. La sua visione della guerra – una lotta tra i rappresentanti dei Paesi che si dichiarano reciprocamente guerra, le popolazioni che vi assistono come se fosse una festa popolare – lo pone dalla parte di coloro che vorrebbero risparmiare la vita di tutti i civili e di tutti i soldati. Sicuro di sé, sogna di fare carriera nella posta dopo la guerra per poter umiliare Himmelstoss. Incarnazione del vero eroe con un atteggiamento energico in ogni momento, non può immaginare di uscire dalla lotta ferito. Per questo, quando gli viene amputata una gamba, pensa di suicidarsi.

TJADEN

La guerra ha un effetto positivo su Tjaden, perché gli permette di maturare. Prima di essere inviato al fronte, era piuttosto infantile e codardo e aveva bisogno della protezione dei suoi compagni. Il ritmo estenuante della vita al fronte lo aiuta a superare le sue paure e impara a cavarsela da solo. Umiliato da Himmelstoss in caserma perché bagnava il letto ogni notte, Tjaden trova il coraggio di affrontare il suo ex superiore senza temere ritorsioni. Si rende conto che nulla di ciò che Himmelstoss dice o fa conta: quando la morte è imminente, non esiste più una gerarchia.

STANISLAS KATCZINSKY

Calzolaio nella vita civile, Katczinsky conosce molti mestieri, il che è molto utile al fronte perché sa trovare il modo di fare un materasso, di cucinare, di contrattare, di fare bei discorsi e di affascinare tutti. È lui che Bäumer ammira di più: "Quello che Kat diceva, lui lo aveva pensato" (p. 7). Muore in silenzio sulla schiena di Bäumer, con una gamba mutilata e una granata in testa.

Secondo lui, i soldati che si limitano a obbedire agli ordini diventano oggetti da manipolare da parte dei loro superiori. Questi superiori finiscono spesso per abusare dell'autorità che deriva dal loro rango, in quanto vittime delle debolezze umane:

> *"E se si dà a un uomo un po' di autorità [...], scatta anche lui. Le cose sono esattamente le stesse. Di per sé l'uomo è essenzialmente una bestia, [...] l'esercito si basa su questo; un uomo deve sempre avere potere sull'altro.*

> *Il problema è solo che ognuno ha troppo potere. [...] E poiché sanno di poterlo fare, presto tutti acquisiscono più o meno l'abitudine" (p. 22).*

Come Kropp, è un personaggio forte, un eroe e un uomo che ha una visione molto obiettiva di una società in guerra.

FRANZ KEMMERICH

Franz Kemmerich, cresciuto con Bäumer e studente brillante adorato dalla famiglia, sta morendo in un ospedale militare con due gambe amputate. La descrizione delle sue sofferenze, della sua agonia e della sua paura della morte sono quasi un grido collettivo contro la guerra, il grido di una generazione perduta, sacrificata, trascinata in una lotta che non aveva chiesto: "Il mondo intero dovrebbe passare davanti a questo letto e dire: "Quello è Franz Kemmerich, diciannove anni e mezzo, non vuole morire. Che non muoia!" (p. 15).

KANTOREK

Uomo di piccola statura, Kantorek era l'insegnante di ginnastica del liceo di Bäumer. È lui il responsabile dell'arruolamento dell'intera classe di Bäumer: costretti ad ascoltare tanti discorsi patriottici e patetici, i suoi studenti alla fine si sono arruolati. Ripensandoci, Bäumer riflette che avrebbe dovuto accorgersi che Kantorek era solo un altro demagogo.

HIMMELSTOSS

Postino nella vita civile, approfitta del suo status nella caserma per umiliare i giovani. La spiegazione di Katczinsky sulla bassezza degli uomini e su come sfruttano il loro potere è perfettamente illustrata da Himmelstoss. È un seguace cieco di una gerarchia arbitraria costruita con lo sviluppo della guerra. È anche un codardo: durante un attacco, si nasconde in una buca e finge di essere ferito per evitare di dover combattere. Molto severo quando si tratta di "istruire" le nuove reclute, in realtà non osa andare in trincea.

ANALISI

👁 Buono a sapersi: la Prima Guerra Mondiale

Gli eventi di questo romanzo si svolgono nel contesto della Prima Guerra Mondiale, che dal 1914 al 1918 fu combattuta tra la Triplice Alleanza, composta da Germania, Austria-Ungheria e Italia, a cui si aggiunsero in seguito Turchia e Bulgaria, e la Triplice Intesa, che raggruppava Francia, Russia e Gran Bretagna, sostenute da Giappone, Romania, Portogallo, Stati Uniti, Grecia, Cina e diversi Stati dell'America meridionale, ecc.

La politica economica e l'espansionismo territoriale della Germania (il cui obiettivo era ottenere la supremazia economica in Europa e stabilire una zona di influenza nei Paesi africani) avevano generato un'atmosfera tesa in Europa, che si aggravò ulteriormente quando l'erede dell'Austria, l'arciduca Francesco-Ferdinando, fu assassinato nel 1914 a Sarajevo. Nel luglio 1914, l'Austria-Ungheria dichiarò guerra alla Serbia, con il sostegno di Guglielmo II (re di Prussia e imperatore di Germania tra il 1888 e il 1918). A causa del sistema di alleanze, il conflitto divenne rapidamente globale.

Questa guerra generò la fine degli Imperi russo, austro-ungarico e ottomano, nonché la fine del Secondo Reich (termine che designa l'Impero tedesco tra il 1871 e il 1918).

LA CONDIZIONE DEL SOLDATO

Il contesto della guerra offre a Remarque l'opportunità di sviluppare alcuni grandi temi umanistici, a cominciare da quello della condizione del soldato. Sono eloquenti le immagini dei soldati che parlano seduti sulle latrine a fossa in mezzo alla natura, che si depilano, che si lavano raramente, che mangiano pane ammuffito, che rimpiangono gli scarti che devono sacrificare per catturare i topi o che usano le pale per uccidere. Tutti costoro fanno apparire gli uomini come animali.

La disumanizzazione notata da Bäumer non corrisponde alle idee magniloquenti degli insegnanti citati durante il periodo di reclutamento. Il patriottismo non trova posto tra gli orrori che i soldati commettono per sopravvivere, motivati da un istinto di sopravvivenza che fino a quel momento era rimasto latente. Una volta al fronte, il loro corpo "con un sol colpo è in piena prontezza" (p. 26), una nuova energia li coglie e sono guidati da un "istinto animale" (p. 27), che li spinge, ad esempio, a gettarsi a terra quando esplodono le granate. La terra diventa così per il soldato "il suo unico amico, suo fratello, sua madre" (p. 26). È la garanzia della vita, come avviene nella mitologia, in quanto offre ai soldati la sua protezione, ma accoglie anche i cadaveri nel suo seno. Tuttavia, nonostante la terra sia l'unica alleata dei soldati, questi la maltrattano, scavando trincee e ferendola con le granate. Ma la terra non è né risentita, né gelosa, né infuriata come gli uomini.

POTERE E VENDETTA

Con Remarque, le nozioni di autorità e di vendetta vengono riprese dalla realtà della vita al fronte: anche se, quando erano giovani reclute, Bäumer e i suoi amici non dubitavano dell'importanza e della saggezza del loro superiore o delle persone che avevano autorità su di loro nella loro vita civile, l'orrore dei combattimenti suscitava sentimenti di ingiustizia e di assurdità, che invocavano la vendetta.

Finché l'autorità (ordini militari precisi) riguarda solo lo status del soldato, può essere accettata senza difficoltà. Tuttavia, non appena prende di mira la personalità del soldato umiliandolo (spalare la neve con uno spazzolino da denti o correre per un'ora perché la lunghezza della biancheria è superiore a quella delle lenzuola), compare il desiderio di vendicarsi: è il caso di Tjaden e Kropp, che hanno questioni da risolvere con Himmelstoss, ma è anche il caso di un commilitone che diventa superiore di Kantorek e che usa il suo nuovo status per vendicarsi delle vessazioni che ha dovuto subire a causa sua.

Grazie al loro potere nell'esercito e nella politica (e anche a causa della guerra), i generali diventano famosi quanto gli imperatori. Dietro di loro ci sono anche persone che traggono vantaggio da questo conflitto, come i produttori di cibo in scatola avariato inviato ai soldati.

Ma l'autorità passa anche attraverso l'uniforme, che garantisce una forma di prestigio, anche ai semplici soldati: si sentono nudi quando non la indossano, come semplici civili.

UN ATTO D'ACCUSA CONTRO LA GUERRA

La guerra è rappresentata soprattutto nei suoi aspetti distruttivi e visibili: Remarque ci mostra morti, feriti, mutilati, fame, famiglie distrutte, villaggi abbandonati e rifugiati. Torna poi al periodo dell'indottrinamento delle reclute nelle caserme. Il romanzo prende infine la direzione di una riflessione sulle origini e sugli effetti immediati della guerra.

Al fronte, i soldati diventano "bestie umane" (p. 63), "animali pericolosi" (p. 121) così disperati che i nemici che prendono di mira non sono più uomini ma l'immagine stessa della morte. Le reclute sono intimamente convinte dell'inutilità della guerra. Non c'è bisogno di fare la guerra e, di conseguenza, non fanno altro che obbedire a ordini che non capiscono o che non condividono:

> *"Una parola di comando ha reso queste figure silenziose nostre nemiche; una parola di comando potrebbe trasformarle in nostre amiche. A qualche tavolo viene firmato un documento da persone che nessuno di noi conosce, e allora per anni insieme quello stesso crimine su cui prima cadeva la condanna del mondo e la pena più severa, diventa il nostro obiettivo più alto" (p. 91).*

Il racconto di Bäumer assume quindi la forma di un atto d'accusa contro la guerra, rafforzato in modo umoristico da una discussione tra Tjaden e Katczinsky sull'assurdità di una dichiarazione di guerra. Questi due personaggi distinguono tra "paese" o "patria" (il popolo) e "Stato" ("il governo, la polizia, le tasse", pp. 212-213): poiché non sono i paesi a dichiararsi guerra l'un l'altro, non c'è motivo per cui il popolo si uccida a vicenda. Diventa una questione da risolvere tra gli Stati e coloro che cercano il profitto, concludono i due amici.

Remarque denuncia anche il discorso di Kantorek, Himmelstoss, dei borghesi (ricchi industriali) e dei politici, che convincono i giovani a iscriversi. Per questi giovani, non ancora cresciuti, si suppone che i rappresentanti dell'autorità e dello Stato possiedano "un'intuizione maggiore e una saggezza più umana" (p. 7). All'epoca, rifiutare di iscriversi era considerato un atto antipatriottico. I discorsi di patriottismo erano un'ottima idea, che dava ai giovani l'impressione di avere in mano il futuro della nazione. Tuttavia, coloro che hanno pronunciato questi discorsi patriottici non sono al fronte e quindi non dimostrano il loro amore per il Paese. Cercano solo di rafforzare la loro posizione privilegiata e il loro potere a costo di vite innocenti; per questo Bäumer e i suoi amici, pur essendo consapevoli del loro dovere di soldati, finiscono per ignorare i discorsi pomposi delle persone che li guidano. La morale che il protagonista trae da tutto questo è che, invece di fare discorsi che generano catastrofi umane, il potere in carica avrebbe dovuto insegnare ai giovani come costruire il loro futuro, oltre che la solidarietà e la fratellanza.

EVIDENZIARE I VALORI UMANI

Gli unici elementi positivi della vita in trincea sono valori quali:

- la fratellanza, un sentimento che non può essere spiegato né compreso dalle famiglie perché esiste solo tra soldati che affrontano insieme la morte e la consegnano (ad esempio, la scena in cui Bäumer si sente in colpa dopo aver ucciso il soldato francese);

- solidarietà, tutti i soldati condividono lo stesso destino;

- da questi due valori nasce "la cosa più bella che sia nata dalla guerra: il cameratismo" (p. 14). Questo sentimento è illustrato in diverse scene: Bäumer e uno dei suoi amici pensano di concedere la morte a un soldato agonizzante per abbreviare le sue sofferenze e permettergli di morire con dignità; si proteggono a vicenda contro gli ordini dei loro superiori; Bäumer cerca di salvare il soldato francese che ha dovuto pugnalare, ecc.

UN LIBRO E UN DIARIO

La narrazione in prima persona e il tono confessionale del racconto di Bäumer fanno sì che il lettore sia immerso nell'orrore della guerra e vi partecipi. Lo stile di scrittura testimonia l'autenticità dell'opera e del tema trattato e aiuta il narratore a condividere i suoi problemi e il suo passato con un gran numero di persone. Per un soldato è difficile spiegare apertamente cosa sia la guerra ad amici e parenti. Confessare tutto sotto la copertina di un libro è quindi un progetto terapeutico: permette a Bäumer, e indirettamente all'autore, di dare libero sfogo alle proprie emozioni, di condividere ricordi sconvolgenti e di mettere in guardia altre persone dagli orrori di una simile situazione.

Tuttavia, Remarque combina lo stile diaristico con la prosa di un romanzo perché gli permette di collocare il suo protagonista in uno specifico contesto storico e sociale, di sfumare la complessità della condizione del soldato e di trasmettere diverse prospettive sulla guerra.

ULTERIORI RIFLESSIONI

ALCUNE DOMANDE SU CUI RIFLETTERE...

- Qual è lo stato d'animo dei soldati tedeschi prima di arrivare al fronte e poi dopo due anni di guerra? Cosa è cambiato e perché?

- Ritiene che il discorso degli insegnanti di Bäumer e delle autorità tedesche sia giustificato?

- Secondo lei, perché Bäumer si sente fuori posto a casa e nella sua città natale dopo due anni di lotta? Comprende questa sensazione?

- Secondo Kropp, come dovrebbe essere la guerra? Siete d'accordo con lui?

- Quali sono i diversi aspetti dell'autorità? Spiegate la vostra risposta con esempi tratti dal libro. Tutti questi lati sono legittimi?

- Perché la morte di Bäumer negli ultimi giorni di guerra rappresenta per lui un lieto fine?

- Secondo lei, questo romanzo rappresenta degli eroi?

- La guerra disumanizza i soldati. Illustratelo con esempi tratti dal libro. Al contrario, pensate che la guerra possa umanizzare i soldati?

- Secondo Bäumer, perché il concetto di fraternità non può essere compreso da chi non ha partecipato alla guerra?

- Remarque ha scritto questo libro con uno scopo terapeutico. Conosce altri autori che hanno scritto per lo stesso motivo?

ULTERIORI LETTURE

EDIZIONE DI RIFERIMENTO

Remarque, E. M. (Sconosciuto) *Niente di nuovo sul fronte occidentale.* [Online]. Trans. Wheen Fawcett crest, A.W. [Accesso 23 novembre 2015]. Disponibile da: <http://www.myteacherpages.com/webpages/esimpson/files/AQWF%20-%20full%20text.pdf>

STUDI DI RIFERIMENTO

Owen, C. R. (1984) *Erich-Maria Remarque. Una bio-bibliografia critica.* Amsterdam: Rodopi.

Laffont, R. (1998) *Le Nouveau Dictionnaire des auteurs.* Parigi: Robert Laffont.

Laffont, R. (1998) *Le Nouveau Dictionnaire des œuvres.* Parigi: Robert Laffont.

Vogliamo sapere da voi!
Lasciate un commento sulla vostra biblioteca online
e condividete i vostri libri preferiti sui social media!

Perché scegliere Must Read?

Scoprite tutto quello che c'è da sapere su un libro, con i nostri riassunti e le nostre analisi concise e approfondite!

Scoprite il meglio della letteratura sotto una luce completamente nuova!

www.50minutes.com

www.50minutes.com

Master ISBN: 9782808690522
ISBN cartaceo: 9782808611923
Deposito legale: D/2023/12603/1472

Copertura: © Primento

Concezione digitale a cura di Primento, il partner digitale degli editori.